Manches geht einfach nur im Team. Vor allem in der Welt der Bienen!

Inhalt

Das gibt es alles zu entdecken!

Klein, aber wichtig

Dürfen wir vorstellen? Das winzigste Haustier der Welt – und eines der nützlichsten!

SUMMENDE SUPERSTARS
Seit rund 7000 Jahren halten Menschen Bienen. Den kleinen Insekten verdanken wir viel mehr als nur leckere Honigbrote: Sie bestäuben rund 75 Prozent unserer Nutzpflanzen! Weil Bienen die Pollen von Blüte zu Blüte tragen, können die Pflanzen sich vermehren und Äpfel, Kirschen oder Tomaten bilden. Ohne Bienen gäbe es also viel weniger Marmelade. Und weniger Ketchup für deine Pommes!

Gemeinsam sind sie stark

Wie Honigbienen zusammenleben

Nektar sammeln, Honig machen, Wabenzellen bauen, Nachwuchs päppeln ... Die Aufgabenliste einer Honigbiene ist superlang!

Warum leben Bienen in Staaten?

Allein können Honigbienen nicht lange überleben. Nur gemeinsam mit anderen schaffen sie es, genügend Vorräte für den Winter anzulegen und so die kalte Jahreszeit zu überstehen. Dafür bilden Tausende Bienen gemeinsam einen Insektenstaat: den Bien. Der ist so perfekt organisiert, dass er fast wie ein eigenes Lebewesen wirkt.

Wo leben Honigbienen?

Der Bienenstock ist so etwas wie das Haus eines Bienenvolks. Früher bauten die Tiere ihn selbst. Heute stellen Imkerinnen und Imker ihnen Kästen hin. Darin hängen mehrere Holzrahmen mit Wachsplatten, auf denen die Bienen Waben anlegen können. Am Ende ernten Imkerinnen und Imker dann den Honig.

Super Fakten

1 *Gesellige Insekten*
Nicht nur Bienen bilden Staaten: Auch andere Insekten wie **Wespen, Termiten und Ameisen** leben als **Völker** zusammen.

2 *Säuger-Staat*
Es gibt nur ein **einziges Säugetier, das Staaten bildet: der afrikanische Nacktmull!**

3 *Total sozial*
Wenn sich **Tiere in Staaten** zusammentun, spricht man von **eusozialem Verhalten**.

Drohne

Königin

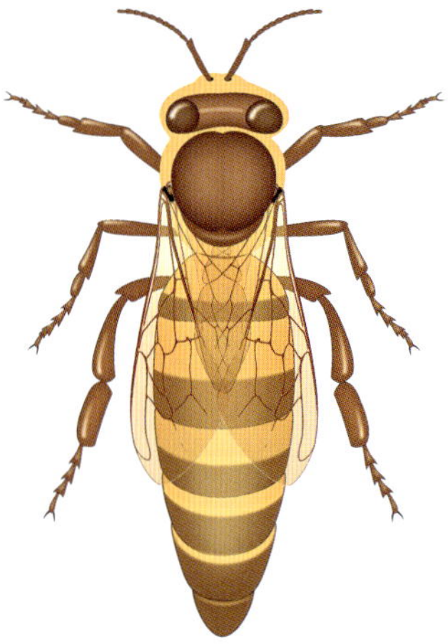

Arbeiterin

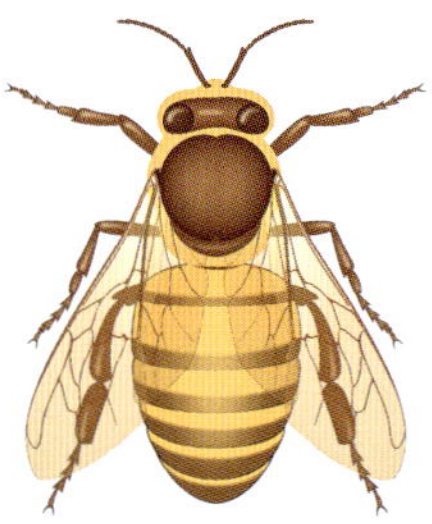

GEWUSEL AUF DER WABE
Bienenwaben bestehen aus Wachs und setzen sich aus Tausenden winzigen Zellen zusammen. Für die Bienen sind sie Arbeitsplatz, Brutkasten und Speisekammer in einem.

GOLDENER SCHATZ
In den Waben steckt auch der Honig. Er dient den Bienen als Futter und als Vorrat für kalte Wintermonate. Wenn sie frisch sind, kann man Honigwaben übrigens im Ganzen aufessen – mit dem Wachs!

Wer macht was im Stock?

Auf den ersten Blick herrscht in einem Stock pures Chaos: Bis zu 60 000 Tiere wuseln durcheinander! Tatsächlich ist das Gewimmel aber schlau geordnet. Alle Arbeiten sind streng unter den Bienen verteilt. Dabei wechseln sie sich ab: Ein paar Tage lang ist jede mal dran mit Putzen, Nektarsammeln oder Wacheschieben. Nur die Königin macht immer dasselbe: Ihr Job ist Eierlegen – und zwar ein Leben lang.

Was sind Drohnen?

Außer Arbeiterinnen und der Königin gehören zum Bienenvolk noch die männlichen Bienen: die Drohnen. Anders als ihre Schwestern müssen sie nicht im Stock schuften und Futter heranschaffen. Ihre einzige Aufgabe ist es, die Königin zu befruchten. Das passiert außerhalb vom Stock beim Hochzeitsflug. Damit die Drohnen die Königin dabei schnell finden, haben sie extragroße Augen und einen hervorragenden Geruchssinn.

Wie erkennen Bienen ihre Freunde?

Ob eine Biene zum eigenen Volk gehört oder nicht, erkennen die anderen Bienen am Geruch. Auch sonst spielen Düfte eine wichtige Rolle in ihrem Staat. Die Tiere nutzen sie, um sich miteinander zu verständigen. Zum Beispiel wenn sich Feinde dem Bienenstock nähern: Dann geben die Wächterbienen einen Duftstoff ab, der Alarm bedeutet. Er ruft weitere Wächterinnen auf den Plan.

Gute Riecher

BESSER ALS EIN SPÜRHUND
Gerüche sind für Bienen extrem wichtig: Sie führen sie zum Beispiel zu nektarreichen Blüten. Mit ihren Fühlern nehmen die Tiere jede noch so winzige Duftspur wahr – sogar über mehrere Kilometer! Der Geruchssinn von Bienen ist noch besser als der von Hunden. Deshalb wird bereits überlegt, sie als Sprengstoff-Schnüfflerinnen einzusetzen.

Bienen haben keine Nasen – und doch einen fantastischen Geruchssinn. Das liegt an rund 60 000 Duft-Sinneszellen auf ihren Antennen.

»Meine Spitzenleistung? 2 000 Eier pro Tag!«

AHA

Platz für die Königin

Weil Königinnen deutlich größer werden als Drohnen oder Arbeiterinnen, wachsen sie in extragroßen Weiselzellen heran. Weisel ist ein anderer Name für die Bienenkönigin.

Im Gespräch mit …

Bienenkönigin
Sie ist die Größte im Stock. Bis zu 4 Jahre lang legt sie Eier und erhält so das Bienenvolk.

EURE MAJESTÄT, WIE SIND SIE EIGENTLICH KÖNIGIN GEWORDEN?

Ganz einfach: Die Arbeitsbienen im Stock haben mich dazu gemacht. Sie haben mir als Larve eine Art Superfutter zu fressen gegeben. Dadurch habe ich mich in eine Königin verwandelt.

WIE BITTE: SUPERFUTTER?

Gelée Royale! Das ist ein Futtersaft, den die Arbeiterinnen in ihren Kopfdrüsen erzeugen. Schmeckt köstlich – und hat bewirkt, dass ich viel größer geworden bin als die anderen Bienen. Vor allem aber kann ich als Einzige Nachwuchs bekommen.

UND WAS MACHEN SIE DEN GANZEN TAG, WÄHREND DIE ANDEREN SCHUFTEN?

Was soll das denn heißen?! Seit ich mich beim Hochzeitsflug mit Drohnen aus unserem Volk gepaart habe, lege ich ständig Eier – etwa eins pro Minute. Das ist auch harte Arbeit! Meine Spitzenleistung liegt sogar bei 2000 am Tag. Ich bin die Mama aller Bienen unseres Volkes. Man nennt mich auch Stockmutter – das gefällt mir sogar noch besser als Majestät.

Putzen, bauen, Nektar sammeln

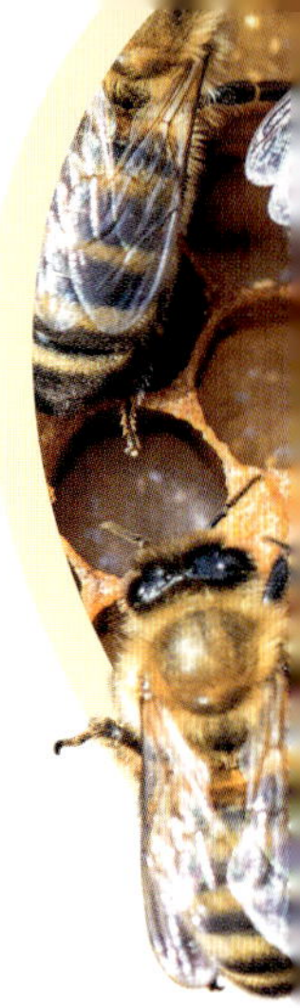

Aus dem Leben einer Arbeitsbiene

Das Leben einer Biene beginnt als Ei, aus dem eine winzige weiße Larve schlüpft. Wenn nach 21 Tagen die fertig entwickelte Biene aus ihrer Wabe krabbelt, bekommt sie sofort den ersten Job. Auch später wird es ihr nie langweilig!

Sauber machen

Kaum auf der Welt, heißt es für die Biene: putzen! 3 Tage lang reinigt sie im Stock die Wachskammern, aus denen ihre Geschwister geschlüpft sind. Denn erst, wenn die Kammern wieder tipptopp sauber sind, legt die Königin neue Eier hinein.

Tag 1 – 3

Sammlerin

Auf ins Abenteuer! 21 Tage, nachdem sie geschlüpft ist, wird die Arbeiterin zur Sammlerin befördert. Auf der Suche nach Futter fliegt sie von Blüte zu Blüte und lernt die Welt kennen. Bei ihrer Rückkehr bringt sie Pollen und Nektar mit.

ab Tag 21

Super Fakten

1 ***Winter oder Sommer?***
Bienen, die **im Herbst schlüpfen, leben deutlich länger als Sommerbienen**. Weil sie mit ihrem Volk im Stock überwintern, schaffen sie **mehrere Monate**.

2 ***Langstrecke***
Für ein **500-Gramm-Glas Honig** müssen Bienen **etwa 120 000 Flugkilometer** zurücklegen. Das ist so viel, als hätten sie **knapp dreimal die Erde umrundet!**

Schluss mit der Arbeit

Etwa 6 Wochen lang hat unsere Biene geschuftet. Nun fühlt sie sich schwach. Ihre Flügel sind rissig und abgenutzt. Irgendwann fällt sie einfach erschöpft zu Boden: Ein Leben voller Arbeit ist zu Ende.

Tag 4 – 13

Babysitterin

Als Nächstes kümmert sich die Jungbiene einige Tage um den Nachwuchs: Als Ammenbiene verarbeitet sie Pollen zu Futter für die Tausenden Larven im Stock.

Tag 14 – 16

Bauarbeiterin

Von der Babystation geht's für unsere Biene auf die Baustelle. Ab jetzt fertigt sie neue Waben für den Stock. Die Drüsen an ihrem Bauch produzieren täglich winzige Wachsplättchen. Die Biene knetet sie mit Drüsensaft in die richtige Form: ein perfektes Sechseck! Wenige Tage später hilft sie auch mit, aus Nektar Honig herzustellen.

Tag 17 – 21

Wächterin

Jetzt wird's spannend: Die nächsten 4 Tage ist Wachdienst angesagt. Unsere Biene schwirrt mit ihren Kolleginnen um den Eingang des Bienenstocks und passt auf, dass keine Feinde eindringen. Dabei unternimmt sie auch kleine Erkundungsflüge und verlässt zum ersten Mal den Bienenstock.

Nützlich oder nervig?

Wie Wespen leben

KINDERSTUBE
Manche Wespenarten bauen ihre Nester unterirdisch, aber auch an geschützten Orten wie Dachböden oder Mauerritzen. Andere haben frei hängende Nester, die sie zum Beispiel an einem Pflanzenstängel befestigen.

Sie umschwirren deinen Lieblingskuchen – und manchmal stechen sie zu: Die schwarz-gelben Schwestern der Honigbiene können im Sommer unangenehm werden. Aber sie haben auch ihre guten Seiten.

Honigbiene
11–18 mm

Deutsche Wespe
12–20 mm

Hornisse
18–35 mm

VON MINI BIS MAXI
Honigbienen und Deutsche Wespen sind etwa gleich groß. Hornissen sind eine besonders große Wespenart.

Sind Wespen auch Bienen?

Nein, aber sie sind eng miteinander verwandt. Beide gehören zu den Hautflüglern. Wespe ist übrigens auch nicht gleich Wespe: Weltweit gibt es rund 100 000 verschiedene Arten. Auf Eis und Limo stürzen sich nur zwei: die Deutsche Wespe und die Gemeine Wespe. Die anderen Arten sind schüchterner und kommen Menschen selten zu nahe.

Was fressen Wespen?

Wespen fressen nicht nur Nektar und Pollen und helfen damit bei der Bestäubung. Sie jagen auch Insekten, fangen also lästige Mücken, Fliegen und Blattläuse weg. Mit denen füttern sie ihren Nachwuchs – genau wie mit dem Fleisch herumliegender toter Tiere, etwa Vögel oder Mäuse. Kein Wunder also, dass Wespen auch auf Salami fliegen!

LECKER
Feste Nahrung zerkleinern Wespen mit ihren kräftigen Mundwerkzeugen. Flüssiges wie dieser Marmeladenklecks wird einfach aufgeleckt.

Was ist bei **Wespen** anders?

❶ ***Schlanke Taille***
Wespen sind schwarz-gelb gestreift und haben eine schmale Wespentaille. Bienen sehen eher bräunlich aus, sind haariger und pummeliger.

❷ ***Pappnester***
Bienen bauen mit Wachs – Wespen mit Papier: Sie zerkauen altes Holz und vermischen es mit ihrem Speichel. Aus dem pappigen Brei fertigen sie ihre Nester.

❸ ***Honigmuffel***
Wespen machen keinen Honig, denn anders als Bienen brauchen sie keinen Wintervorrat. Ihre Völker sterben im Spätherbst – nur die Königinnen überleben.

❹ ***Kleine Beißer***
Zum Schlürfen von Nektar haben Bienen einen Saugrüssel. Wespen lecken den Nektar auf. Um Beutetiere zu packen, benutzen sie ihre Mandibeln. Das sind kräftige Kieferzangen, die viele Insekten zum Beißen und Kauen nutzen.

❺ ***Stachel für die Jagd***
Anders als Bienen benutzen Wespen ihren Stachel nicht nur zur Verteidigung, sondern auch zur Jagd. Ihr Gift tötet oder betäubt das Opfer. Wespen können also auch mehrmals stechen.

SCHLECKERMÄULER
Für ihren Nachwuchs sammeln Wespen Futter, das Eiweiß enthält – etwa Fleisch. Die erwachsenen Tiere schwärmen für Süßes wie Kuchen, Eis und Obst.

Gut gebaut!

Bienen vom Rüssel bis zur Stachelspitze

Bienen sehen auf den ersten Blick aus wie viele andere Insekten. Ihr Körper besteht aus drei großen Teilen: Kopf, Brust und Hinterleib. Sechs Beine und eine harte, schützende Außenhülle aus Chitin – das war's? Von wegen! Es gibt ein paar spezielle Bienen-Extras ...

Warum sind Bienen pelzig?

Eine Honigbiene hat etwa drei Millionen Haare – ungefähr so viele wie ein Eichhörnchen! Während Säugetiere ihren Pelz vor allem als Wärmespender tragen, dient er Bienen als Futter-Fänger: Auf ihrem Weg von Blüte zu Blüte bleiben an ihren Haaren Pollen hängen, die sie als Vorrat in den Bienenstock schaffen. Einen Teil davon verlieren sie aber auch auf anderen Pflanzen. Und das ist gut so: So sorgen Bienen dafür, dass die Pflanzen befruchtet werden.

Flügel
Man kann es kaum erkennen, aber Bienen haben nicht zwei Flügel, sondern vier: Vorder- und Hinterflügel auf jeder Seite. Im Flug verbinden sie sich durch winzige Haken.

Honigmagen
In der winzigen Blase im Hinterleib transportiert die Biene Nektar und Wasser. Im Stock würgt sie den Inhalt wieder hervor.

DICKE HOSE
Landet eine Biene auf einer Blume, bleibt Blütenstaub an ihr haften. Mit Spucke und Nektar formt sie daraus Pollenhöschen, die an ihren Hinterbeinen festkleben.

Super Fakten

❶ *Piksende Damen*
Nur **weibliche Bienen** besitzen einen **Stachel**.

❷ *Überall Augen*
Außer ihren Facettenaugen haben Bienen noch **drei Sehorgane auf dem Kopf**: Diese **winzigen Punktaugen** können aber nur **hell und dunkel** wahrnehmen.

❸ *Frischluft dank Röhren*
Wie alle Insekten **atmen Bienen** nicht mit einer Lunge, sondern **durch Tracheen**. Das sind **starre Röhrchen**, die sich durch den Körper ziehen.

Augen
Die beiden großen Facettenaugen setzen sich aus Tausenden winzigen Einzelaugen zusammen.

Antennen
Damit können Bienen nicht nur tasten, sondern auch ganz hervorragend riechen.

Mundwerkzeuge
Mit ihrem Saugrüssel schlürfen Bienen Nektar oder Wasser. Außerdem haben sie Mandibeln. Mit diesen kleinen Zangen können sie etwa Wachs formen oder andere Bienen putzen.

DER BIENENKÖRPER
Eine Honigbiene hat viele kleine Haare. Ihr Stachel sitzt ganz hinten. Nur wenn die Biene sticht, kann man ihn sehen. Weil der Stachel Widerhaken hat, bleibt er im Opfer stecken – die Biene stirbt. Honigbienen können ihr Gift also nur einmal einsetzen.

SCHAU MIR IN DIE AUGEN!
Bienen haben den perfekten Überblick. Scharf sehen sie aber nur, was in ihrer Nähe ist.

Puzzle aus Tausenden Teilen

So funktioniert ein Facettenauge

Große Glubscher: Im Verhältnis zum Kopf wirken die Facettenaugen einer Biene riesig. Sie bestehen aus Tausenden winzigen Einzelaugen. Wie Kameras nehmen sie viele einzelne Bilder der Umgebung auf. Das Bienengehirn macht daraus ein einziges großes Puzzle-Bild.

Welche Biene sieht am besten?

Wie scharf eine Biene sieht, hängt davon ab, aus wie vielen Einzelaugen ihre Facettenaugen bestehen. Bei Bienenköniginnen sind es 4 000 pro Auge, bei Arbeiterinnen 6 000. Am besten sehen die Drohnen: Mit ihren 10 000 Einzelaugen können sie beim Hochzeitsflug die Königin superschnell entdecken.

Blitzschnell

Eine Biene verarbeitet übrigens zehnmal schneller als du, was ihre Augen sehen. Menschen können bis zu 24 Einzelbilder pro Sekunde wahrnehmen – Bienen schaffen 200!

Die Welt durch Bienenaugen

Für eine Biene sieht eine Wiese ganz anders aus als für dich, und zwar: pixelig! Auch die Farben nehmen die Insekten anders wahr. Sie erkennen sogar Farben, die für uns Menschen unsichtbar sind – etwa Ultraviolett.

Das soll eine Biene sein?

AUF DEM VORMARSCH
Unsere größte heimische Biene wird bis zu 3 Zentimer lang. Mit ihren kräftigen Mundwerkzeugen nagt die Einzelgängerin Bruthöhlen in morsche Bäume oder Gartenzäune. Dabei entstehen richtige Sägemehl-Häufchen!
Holzbienen mögen es warm und leben deshalb vor allem in Südeuropa. Weil es durch den Klimawandel wärmer wird, sieht man die Brummer aber auch im Norden immer öfter.

Nicht alle Bienen sind gelb-braun: Die Flügel der Blauen Holzbiene schillern blau bis lila.

BLUTBIENE
Ihr Name klingt gefährlich. Tatsächlich heißt die Wildbiene aber nur wegen ihres blutroten Hinterleibs so.

Wilde Verwandte

→ ***Wie sehen Wildbienen aus?***
Ganz verschieden! Es gibt sie in allen Größen und Farben: von der winzigen rötlichen Zwerg-Blutbiene bis zur 3 Zentimeter langen Blauen Holzbiene. Die meisten sind pelzig, einige jedoch fast kahl.

→ ***Sind Wildbienen wichtig?***
Und wie! Manche Wildbienen bestäuben bis zu 8 800 Blüten am Tag. Honigbienen fliegen gerade mal die Hälfte an.

→ ***Wie viele Wildbienen-Arten gibt es?***
Enorm viele! Weltweit sind es zwischen 20 000 und 30 000. Allein in Deutschland schwirren fast 600 Arten herum. Dagegen gibt es auf der ganzen Welt nur sieben Honigbienen-Arten.

→ ***Machen alle Bienen Honig?***
Das können nur die Honigbienen, die Honig als Vorrat für den Winter benutzen. Wildbienen sterben im Winter oder halten Winterruhe. Sie verbrauchen ihren gesammelten Nektar sofort.

Sag mal …

Lina, 9 Jahre

»Sind Hummeln auch Bienen?«

»Ja! Die pummeligen Brummer gehören auch zu den Wildbienen. Hummel ist aber nicht gleich Hummel: In Deutschland leben 41 Arten – etwa Erdhummeln, Stein- und Gartenhummeln.«

So leben Wildbienen

Bei Bienen denkst du sicher erst mal an Honigbienen. Es gibt aber jede Menge Wildbienen! Bei den meisten schlägt sich jedes Tier allein durch. Es gibt weder Königinnen noch Arbeiterinnen mit Spezialaufgaben. Eierlegen, Futtersuche – jede Biene kümmert sich um alles selbst.

Wo nisten Wildbienen?

Die meisten wilden Arten bauen unterirdische Bruthöhlen: Sie graben Röhren in den Boden, legen Eier und einige Pollen als Proviant hinein – und machen sich dann davon. Der Nachwuchs muss gleich nach dem Schlüpfen allein klarkommen. Erdhummeln dagegen bilden richtige Wohngemeinschaften: In ihren Höhlen wohnen bis zu 600 Tiere zusammen. Sie buddeln sie nicht selber, sondern benutzen verlassene Mäusenester. Wieder andere Wildbienen nisten überirdisch, etwa in Pflanzenhalmen oder löcherigem Holz.

Was ist der Trick der Kuckucksbienen?

Ein Viertel aller Wildbienen in Deutschland sind sogenannte Kuckucksbienen. Die machen sich das Leben besonders leicht: Genau wie der Vogel Kuckuck legen sie ihre Eier in fremde Nester. Wenn die Larven schlüpfen, fressen sie den Vorrat weg, den die anderen Bienen für ihren eigenen Nachwuchs angelegt haben. Für die erwachsenen Kuckucksbienen ist das praktisch: So müssen sie nicht selbst Pollen sammeln.

Super Fakten

1 *Aus dem Häuschen*

Einige Wildbienen-Arten wie zum Beispiel die Mauerbiene **brüten** am liebsten **in leeren Schneckenhäusern**. Sie tarnen sie mit Kiefernnadeln und Gras.

2 *Keine Pikser*

Nur **wenige Wildbienen können dich stechen**. Ihr Stachel ist zu zart, um Menschenhaut zu durchdringen.

Autsch, ein Stich!

Fies, aber meist ungefährlich

Es schwirrt, es summt und plötzlich pikst es: Bienenstiche können ganz schön wehtun! Zum Glück sind sie meist nicht weiter schlimm – außer für die Biene selbst. Der Schmerz, den der Piks bei uns verursacht, ist dagegen nach wenigen Stunden vergessen.

Warum tun Bienenstiche weh?

Wenn sie sich angegriffen fühlen, werden Bienen zu wahren Giftspritzen: In ihrem Hinterleib befindet sich eine Drüse, die einen Mix aus Eiweißen, Hormonen und anderen Stoffen bildet. Sticht die Biene zu, wird das Gift durch den Stachel in das Opfer gepumpt. Unter seiner Haut ruft es sofort eine Entzündung hervor: Die Stelle wird knallrot und dick. Je mehr Gift man abbekommt, desto doller tut es weh.

JETZT WIRD'S ERNST
Sticht eine Biene einen Menschen, bezahlt sie dafür mit ihrem Leben. Ihr Stachel verhakt sich in der dicken Haut. Versucht die Biene sich zu befreien, reißt dabei ihr Hinterleib ab.

Die schlimmsten Pikser

Für seinen Stichschmerz-Index hat sich der amerikanische Forscher Justin O. Schmidt von 150 Insektenarten löchern lassen. Stufe 1 bedeutet: Lässt sich aushalten. Stufe 4+ heißt: unerträglich.

BLUTBIENE
Ihr Name klingt übel – ihr Stich ist laut Schmidt bloß ein Piks: »Als ob ein winziger Funke ein einziges Haar auf dem Arm ansengt.«

DEUTSCHE WESPE
Schon unangenehmer. Forscher Schmidt beschreibt den Schmerz als »reichhaltig, herzhaft und heiß«.

Wenn es pikst, erst mal cool bleiben – und Bescheid wissen, was zu tun ist!

1. Rausziehen
Steckt der Stachel noch drin? Dann ziehe in mit einer Pinzette heraus oder kratze ihn mit den Fingernägeln weg. Achtung: Nicht drücken, sonst dringt noch mehr Gift aus dem Stachel!

2. Kühlen
Gegen den Schmerz hilft Kälte, also Kühlpacks, Eiswürfel, feuchte Umschläge oder kühlende Insektenstich-Salbe. Du kannst die Stichstelle auch mit dem Saft einer rohen Zwiebel einreiben.

3. Hilfe holen?
Selten, aber gefährlich: Wenigen Menschen wird nach dem Stich schwindelig, und sie bekommen Atemnot. Das sind Zeichen einer Insektenstich-Allergie – jetzt solltest du den Notruf 112 wählen.

4. Beobachten
Bildet sich ein roter Strich an der Einstichstelle, kann das auf eine Entzündung durch Bakterien hindeuten. Das sollte sich eine Ärztin oder ein Arzt anschauen.

Nicht ausprobieren!

HORNISSE UND HONIGBIENE
Obwohl Hornissen größer sind als Bienen, tut ihr Stich gleich weh: »Wie ein abgebrochener Streichholzkopf, der auf deiner Haut abbrennt.«

AMEISENWESPE
Oha! »Als ob man einen Becher Salzsäure über eine Schnittwunde schüttet.«

24-STUNDEN-AMEISE
Schlimmer geht's nicht: »Als ob man über glühende Kohlen läuft und dabei einen rostigen Nagel in der Ferse hat.«

DECKEL DRAUF
Hat die Königin ein Ei in eine Wabenzelle gelegt, verschließen Arbeiterinnen sie mit einem Wachsdeckel. So kann sich der Nachwuchs sicher entwickeln.

Baumeisterin Biene

So genial sind Waben

Bienenwaben sind superpraktisch: Ihre sechseckigen Zellen passen genau ineinander. So wird jeder Millimeter Platz im Bienenstock genutzt!

SICHER VERPACKT
Karton in Wabenform ist schön leicht. Und was man darin einpackt, ist gut geschützt vor Druck und Stößen.

Wunder aus Wachs

Honigbienen benutzen Waben als Speisekammern. Hier bewahren sie ihre Futtervorräte auf: Honig und Pollen. Außerdem dienen die Zellen als Kinderstube. Die Königin legt Eier hinein, aus denen später Bienenlarven schlüpfen. Gebaut werden Waben aus Wachsplatten. Für ein Kilogramm Wachs müssen Bienen weit über eine Million dieser Plättchen erzeugen! Zelle für Zelle entsteht eine große Wabe. Spalten und Risse dichten die Tiere mit Propolis ab. Das ist ein klebriger Stoff, den sie aus Baumharz, Wachs und Pollen herstellen.

Schlau abgeguckt

Waben sparen Platz und machen superstabil. Klar, dass wir Menschen uns diesen Trick längst abgeschaut haben. Wabenplatten aus Kunststoff oder Metall stecken zum Beispiel in Waschmaschinen, Flugzeugen und sogar in Raumfahrttechnik.

Von der Blüte ins Glas

Wie machen Bienen Honig?

Er ist lecker und süß – aber auch das Ergebnis harter Arbeit: Damit aus Nektar Honig wird, müssen Bienen lange schuften. Außerdem braucht es einen Imker oder eine Imkerin. So nennt man Leute, die Bienen halten und Honig ernten.

1 Nektar sammeln

Die Bienen fliegen los und sammeln Nektar. Mit ihren Rüsseln saugen sie den Pflanzensaft aus den Blüten und lagern ihn in ihren Honigmägen.

2 Jetzt seid ihr dran!

Nach ihrer Rückkehr würgen sie das Gesammelte wieder heraus und übergeben es den Arbeiterinnen im Stock.

8 Immer schön rühren

Damit der Honig nicht hart wird, rührt die Imkerin oder der Imker ihn ein paar Tage lang zweimal täglich um.

7 Ab in die Schleuder

Die Waben kommen in eine Honigschleuder. Beim Schleudern in diesem Gerät spritzt der Honig heraus, läuft an der Innenwand herunter und wird in einem Eimer aufgefangen.

9 Rein ins Glas – fertig!

Der Honig kann nun in Gläser abgefüllt werden. Er ist bereit fürs Frühstücksbrot!

Süßes von der Blattlaus

Außer Nektar sammeln Bienen auch Honigtau. Das ist ein zuckerhaltiger Saft, den zum Beispiel Blattläuse und Schildläuse abgeben. Aus Honigtau entsteht Waldhonig: Er ist etwas dunkler und schmeckt würziger als Blütenhonig. Hast du schon mal probiert?

AHA

3 Rein und wieder raus

Bisher ist der Nektar kaum mehr als Zuckerwasser. Die Arbeiterinnen verändern ihn, indem sie ihn immer wieder einsaugen und hervorwürgen. Dabei mischt sich der Nektar mit Eiweißen, Säuren und anderen Stoffen aus ihren Körpern.

4 Aus Wasser wird Honig

Die Bienen lagern den noch unreifen Honig in Wabenzellen ein. Er ist immer noch wässrig und dünnflüssig. Deshalb fächeln die Tiere mit ihren Flügeln Luft darüber: Das Wasser verdunstet, und der Honig dickt ein.

5 Deckel zu

Wenn der Honig schön dickflüssig geworden ist, verschließen die Bienen die Wabenzellen mit einem Deckel aus Wachs. Für sie ist der Honig jetzt fertig.

6 Jetzt wird geerntet

Sitzen die Wachsdeckel auf den Waben, weiß die Imkerin oder der Imker: Der Honig ist reif. Die Waben werden vorsichtig aus dem Bienenstock entnommen und die Wachsschicht wird entfernt. Als Ersatz bekommen die Bienen Zuckerwasser.

Angriff der Killerbienen!

Nur gemeinsam sind sie gefährlich

Der Piks einer Biene ist normalerweise nicht schlimm. Bei Afrikanisierten Honigbienen sticht aber nicht nur eine Biene zu, sondern gleich ein ganzes Volk! Entstanden ist die angriffslustige Art bei einem Experiment in Brasilien, das gründlich schiefging …

Wann kamen Honigbienen nach Amerika?

Bevor die Europäer in Nord- und Südamerika ankamen, lebten dort keine Honigbienen. Europäische Siedler versuchten deshalb, ihre Bienen einfach mitzubringen. Das klappte nicht überall: Besonders in Mittel- und Südamerika kamen die Tiere nicht mit dem tropischen Klima zurecht. Deshalb versuchte der Forscher Warwick Estevam Kerr, eine neue Bienenart zu züchten.

Wie sind die Killerbienen entstanden?

1955 holte Kerr Afrikanische Honigbienen nach Brasilien. Die Art ist an Hitze und Feuchtigkeit gewöhnt und produziert auch noch Riesenmengen Honig. Diese Bienen haben aber einen Nachteil: Sie sind ganz besonders aggressiv. Kerr wollte das wegzüchten und paarte seine Königinnen mit friedlicheren Bienenarten. Die neue Art nannte er Afrikanisierte Honigbiene. Doch leider war sie immer noch angriffslustig.

WO SIND SIE ZU HAUSE?
Killerbienen leben heute fast in ganz Mittel- und Südamerika sowie im Süden der USA.

Super Fakten

❶ *20 000 Stiche*
Der US-Amerikaner Austin Bellamy wurde **von Killerbienen attackiert** und von **20 000 gestochen!** Er hatte aber Glück und überlebte den Angriff.

❷ *Manchmal tödlich*
Früher starben in Brasilien jährlich rund 25 Menschen durch Bienenstiche. Seit es dort **Afrikanisierte Honigbienen** gibt, sind es **rund 200**.

HARTNÄCKIGE ANGREIFER
Wird ein Schwarm Killerbienen aggressiv, verfolgt er sein Opfer oft über mehrere Hundert Meter.

FILMSTARS MIT STACHEL
Die Killerbienen haben es sogar bis nach Hollywood geschafft: Es gibt inzwischen mehrere Gruselfilme über sie!

Was macht sie so gefährlich?

Dann passierte ein schlimmes Missgeschick: Ein Mitarbeiter entfernte versehentlich die Gitter vor den Bienenstöcken! 26 Völker entkamen und verbreiteten sich. Bald gab es die neue Art sogar in Nordamerika. Dort wurde sie schnell als Killerbiene bekannt. Begegnungen zwischen Menschen und Afrikanisierten Honigbienen können nämlich böse enden. Dabei sind sie nicht giftiger als andere Arten. Scheucht man sie auf, greifen aber nicht nur einzelne Wächterbienen an, sondern der ganze Schwarm. 500 Bienenstiche können ein Kind töten, mehr als 1000 einen Erwachsenen.

Echte Honigwunder

Wenigstens die brasilianischen Imker können sich über die neuen Bienen freuen, denn sie sind nicht nur aggressiv, sondern auch superfleißig. Afrikanisierte Honigbienen machen etwa viermal mehr Honig als unsere Bienen. Ein europäisches Volk produziert 20 bis 30 Kilogramm im Jahr – die Killer schaffen bis zu 80 Kilogramm!

Wie schlau sind Bienen?

Clever trotz Mini-Hirn

Im Vergleich zu deinem Gehirn ist das einer Biene winzig. Trotzdem können die Insekten erstaunliche Dinge: zum Beispiel ständig neue Futterquellen finden oder den Weg zurück zum Stock. Das alles müssen junge Bienen erst lernen – genau wie du lesen und schreiben lernen musstest! Dabei hilft den Tieren ihr Spitzengedächtnis.

Können Bienen rechnen?

Das Gehirn eines Menschen ist ungefähr so groß wie zwei geballte Fäuste. Ein Bienenhirn dagegen ist sogar kleiner als ein Reiskorn. Trotzdem ist es eins der leistungsstärksten im ganzen Tierreich! Forschende sind immer wieder erstaunt, wie klug Bienen im Labor die schwierigsten Aufgaben lösen. In Australien hat man zum Beispiel herausgefunden, dass sie sogar einfache Plus- und Minusaufgaben lösen können.

Super Fakten

1 ***Navi an Bord***
Der Bienenforscher Randolf Menzel hat herausgefunden, dass **Bienen ganze Landschaften im Gehirn speichern** – wie eine Landkarte!

2 ***Nicht vergesslich***
Winterbienen erinnern sich auch im Frühjahr noch **an Dinge, die sie im Herbst gelernt haben.**

3 ***Klar erkannt***
Manche Wespen können sich gegenseitig **am Gesicht unterscheiden**. Sie merken sich, ob sie eine Artgenossin schon einmal gesehen haben oder nicht.

Wie erforscht man Bienen?

Um herauszufinden, wie schlau ein Tier ist, beobachten Wissenschaftlerinnen und Wissenschaftler es genau. Ein Versuch sah so aus: Sie ließen eine Biene einen Duft riechen und gaben ihr dann Zuckerwasser. Später testeten die Forschenden, ob sich das Tier daran erinnert. Und tatsächlich: Schon beim dritten Mal streckten die Bienen den Rüssel aus, wenn sie nur den Duft rochen. Sie hatten sich also gemerkt, dass es dann Futter gab!

SCHLAUE BRUMMER
Hummeln sind ziemlich klug! Versuche im Labor haben gezeigt: Sie können lernen, kleine Werkzeuge zu benutzen, um an Futter zu kommen. Dabei gucken sie voneinander ab.

FRÜHSTÜCK IST UNTERWEGS!
Diese Biene hat ihren Saugrüssel ausgefahren. Sie hat gelernt, dass es Nahrung gibt, wenn sie ein bestimmtes Geräusch hört – und ist bereit zum Futtern.

Größe ist nicht so wichtig

Das größte Hirn hat der Pottwal mit rund 10 Kilogramm. Trotzdem wird der Wal nie einen Computer bauen oder ein Lied komponieren. Über die Intelligenz von Lebewesen entscheidet nämlich nicht die Hirngröße. Viel wichtiger ist, wie gut die einzelnen Hirnregionen über Nervenfasern verbunden sind. Deshalb haben auch Winzlinge wie Bienen oft verblüffende Fähigkeiten.

Wenn es Honigbienen in ihrem Stock zu eng wird, sucht sich ein Teil des Volkes einfach ein neues Zuhause.

Fertig machen zum Schwärmen!

WENN BIENEN UMZIEHEN
Im Mai und Juni legt die Bienenkönigin besonders viele Eier pro Tag. Das Volk bereitet sich aufs Schwärmen vor: Ein Großteil muss ausziehen, damit die anderen wieder Platz haben. Neue Königinnen wachsen heran. Die alte Chefin bricht mit Tausenden Arbeiterinnen auf und sucht einen neuen Nistplatz.
Mit etwas Glück kannst du schwärmende Bienen an Ästen oder Regenrinnen entdecken. Imkerinnen und Imker vergrößern ihre Bienenstöcke allerdings oft mit neuen Kästen. So wird es dem Volk nicht zu eng.

Kuscheln gegen die Kälte

Was Bienen im Winter machen

Hast du im Winter schon mal eine Biene gesehen? Wahrscheinlich nicht – oder nur ganz selten. Kein Wunder: Sobald es kalt wird, werden Honigbienen zu Stubenhockern. Sie ziehen sich in ihren Stock zurück, futtern ihre Honigvorräte auf und kommen erst wieder hervor, wenn die Frühlingssonne scheint.

ES GEHT AUCH ANDERS
Manche Wildbienen wie die Keulhorn-Biene machen es sich in hohlen Pflanzenstängeln gemütlich, sobald es kalt wird. Manchmal teilen sich mehrere Tiere ein Winterquartier.

GEMÜTLICH
Auch wenn draußen Schnee liegt: In ihrem Stock haben es die Bienen stets kuschelig warm. Blühen im Frühjahr die ersten Krokusse und Primeln, fliegen sie wieder auf Futtersuche.

Super Fakten

❶ *Weniger im Winter*
Im **Sommer sind Bienenvölker deutlich größer:** Sie zählen dann bis zu 60 000 Bienen. Im Winter sind es nur um die 20 000.

❷ *Kein Winter für Wildbienen*
Anders als Honigbienen **sterben die meisten Wildbienen, wenn es kalt wird.** Gibt es eine Königin, überwintert nur sie.

❸ *Frisch geschlüpft in den Frühling*
Manche Wildbienen-Arten hinterlassen vor dem Winter **Larven im Boden, die erst im Frühjahr schlüpfen.**

Wann sterben die Sommerbienen?
Wenn der Winter naht, haben Bienenvölker noch mehr zu tun als sonst: Ab dem Spätsommer beginnen sie, jede Menge Honig und Pollen einzulagern. Die Arbeiterinnen, die diese Vorräte anlegen, werden aber kaum davon fressen. Als Sommerbienen sterben sie nämlich im Herbst. Der Vorrat ist für die nun schlüpfenden Winterbienen gedacht. Anders als ihre Sommer-Geschwister verbringen sie fast ihr ganzes Leben im Stock.

Was ist eine Wintertraube?
Wenn es im Stock kalt wird, helfen sich Bienen mit einem Trick, den du garantiert kennst: kuscheln! Dicht aneinandergeschmiegt wärmen sich die Tiere gegenseitig. In der molligen Mitte dieser sogenannten Wintertraube sitzt die Königin. Alle anderen müssen sich ablösen: Wer auf einem kalten Außenplatz hockt, darf danach für ein Weile ins warme Innere. Daneben erzeugen die Bienen Wärme durch schnelle Muskelbewegungen: Wenn das ganze Volk zusammen zittert, wird es im Stock bis zu 30 Grad Celsius warm!

Müssen die Bienen nicht aufs Klo?
Bienen mögen es sauber: Sie erledigen ihr Geschäft nie drinnen im Stock. Wenn es im Winter zu kalt ist, um hinauszufliegen, sammeln sie ihren Kot wochenlang in einer Kotblase im Hinterleib. Mit der Zeit kann sie ordentlich dick und lästig werden. Sobald es wärmer wird, strömen die Bienen deshalb heraus und gehen auf Reinigungsflug. Kommt ihnen dann aufgehängte Wäsche in die Quere, kriegt die schon mal kleine braune Punkte ab.

LIEBER KRAUT ALS KIES

Bienen brauchen Blumen! Nur wenn sie genug Nektar und Pollen finden, können sie ihren Nachwuchs ernähren und Honigvorräte anlegen. Doch Insekten haben es heute schwer: Statt blühender Wiesen und Wälder gibt es immer mehr Straßen, Häuser und Äcker. Wenigstens in unseren Gärten sollten wir deshalb Büsche und Blumen pflanzen, statt sie mit Steinen zuzuschütten. Hübscher ist so ein bienenfreundlicher Garten oder eine Wildblumenwiese sowieso.

Schotter – Schock!

Manche Menschen finden Schottergärten richtig schön. Für Bienen und andere Tiere sind die Steinwüsten aber gar nicht gut.

Getanzte Botschaften

Wie Bienen sich verständigen

Klar: Bienen können nicht sprechen. Trotzdem tauschen sie sich genau wie wir über wichtige Dinge aus. Hat eine Honigbiene etwa eine Blumenwiese voller Nektar entdeckt, gibt sie sofort ihren Kolleginnen Bescheid. Allerdings beschreibt sie den Weg nicht mit Worten, sondern mit einem Tänzchen.

ZUR SONNE
Diese Biene tanzt eine senkrechte Schwänzel-Linie. Das heißt: Um zum Futter zu kommen, müsst ihr Richtung Sonne fliegen!

Super* Fakten

❶ *Erst mal probieren*
Ob geschwänzelt wird, entscheiden im Stock die **Vorkosterinnen**: Diese Bienen **testen erst mal eine Futterprobe** der Kundschafterin. Ist sie gut, befehlen sie ihr, zu tanzen.

❷ *Wie macht ihr das?*
Auch Bienen müssen in die **Tanzschule**: Die Bewegungen sind zwar angeboren. Wie man sie fehlerfrei ausführt, **lernen Jungbienen** aber erst, **indem sie Ältere beobachten**.

❸ *Überall anders*
Bienen in Asien tanzen anders als europäische Bienen. Bringt man sie zusammen, **lernen sie aber schnell voneinander**.

Gut aufpassen!

Wenn eine Kundschafterin in den Stock zurückkehrt und tanzt, passen die anderen Bienen gut auf. Die Bewegungen verraten nämlich, wo Nektar zu finden ist und wie weit man dafür fliegen muss. Je lebhafter sich die Tänzerin bewegt, desto toller ist die entdeckte Futterstelle. Führt die Biene den einfachen Rundtanz auf, liegt das Ziel weniger als 100 Meter entfernt. Ansonsten nutzt sie den komplizierteren Schwänzeltanz.

Tanz im Dunkeln

Weil es im Bienenstock stockdunkel ist, können die anderen den Tanz allerdings nicht sehen. Dafür spüren sie genau, wie die tanzende Biene sich bewegt. Manchmal würgt sie auch noch etwas Nektar hervor, damit alle wissen, wie das gefundene Futter riecht.

So geht der Schwänzeltanz

Die Kundschafterin tanzt eine Linie, die wie eine flache Acht aussieht. Auf der Mittellinie wackelt sie dabei heftig mit dem Hinterleib: Sie schwänzelt! Diese Schwänzel-Linie zeigt den anderen, wo das Futter zu finden ist. Je nachdem, in welche Richtung sie getanzt wird, ändert sich auch die Flugrichtung.

KNALLBUNTER BIENENKILLER
Wer seinen Namen hört, kennt auch seine Leibspeise: Der Bienenfresser futtert tatsächlich am liebsten Bienen, Wespen, Libellen und was sonst noch durch die Lüfte schwirrt. Seine Opfer schnappt er sich meist mitten im Flug. Vor dem Fressen reibt er die erlegte Biene über einen Ast oder Stein. So wird das Gift aus dem Stachel gedrückt. Der Vogel kann seine Beute dann gefahrlos herunterschlucken.

Braunbären, Waschbären und Wespen lieben Honig. Andere haben es auf die Bienen selbst abgesehen ...

Er fliegt auf Bienen

Bienen in Gefahr

→ ***Wieso gibt es immer weniger Insekten?***
Weil es immer mehr Felder gibt, auf denen Essen für Menschen und ihre Nutztiere angebaut wird, finden Bienen weniger Futter. Das gilt auch für Käfer, Fliegen oder Schmetterlinge.

→ ***Mögen Bienen keine Maisfelder?***
Nein, denn dort blühen keine Blumen. Auch wo Weizen wächst, ist kein Platz für wilde Wiesen.

→ ***Was sind Pestizide?***
Ein großes Problem sind auch Pflanzenschutzmittel: Damit werden Obst, Gemüse und Getreide besprüht, um sie vor Schädlingen zu bewahren. Die sogenannten Pestizide vergiften aber auch Bienen und andere Insekten.

Wieso es immer seltener summt

Insekten haben es heute schwer. Das gilt auch für Wildbienen: Von den fast 600 Arten in Deutschland ist heute mehr als die Hälfte bedroht.

Gefährliche Winzlinge

Honigbienen werden von ihren Imkerinnen und Imkern beschützt und gepflegt. Deshalb geht es ihnen besser als ihren wilden Verwandten. Trotzdem kämpfen auch viele Bienenvölker ums Überleben. Daran sind vor allem Krankheitserreger wie Faulbrut-Bakterien schuld. Besonders gefährlich ist die Varroa-Milbe: Diese Winzlinge dringen in den Stock ein und saugen die Bienenlarven aus. Dabei verbreiten sie Viren, an denen die erwachsenen Bienen später sterben können. Pro Jahr verlieren Imkerinnen und Imker fast jede fünfte Biene durch Varroa-Milben!

Super Fakten

1 *Wertvolle Brummer*

Insekten sind für uns Menschen kostbar: Das **Obst, Gemüse und Getreide, das von ihnen bestäubt wird**, schmeckt nicht nur gut. Es hat auch einen **Wert von etwa 4 Milliarden Euro pro Jahr** – und das allein in Deutschland!

2 *Bienenfeier*

Seit 2018 ist jedes Jahr am **20. Mai Weltbienentag**. Der Feiertag soll uns an einen **besseren Schutz der Tiere erinnern.**

3 *Rettende Streifen*

Manche Bäuerinnen und Bauern helfen Insekten mit **Blühstreifen.** Dafür säen sie an Feldrändern Blumen- und Kräutersamen aus. **So entstehen kleine Oasen** für Bienen und Schmetterlinge.

Was hat der Klimawandel damit zu tun?

Der Klimawandel bringt die Natur durcheinander: Im Winter ist es plötzlich zu warm. Im Frühjahr blühen Blumen früher, und während der heißen Sommermonate vertrocknen viele Pflanzen. Das alles stresst auch Bienen – besonders Wildbienen, um die sich keine Menschen kümmern. Weil die Temperaturen steigen, wandern außerdem neue Tierarten bei uns ein, die es warm mögen. Manche können heimischen Arten gefährlich werden. Die Asiatische Hornisse jagt zum Beispiel Honigbienen.

Rettet die Bienen!

Wie du den Tieren helfen kannst

Bienen retten ist nicht schwer: Den Insekten fehlt es vor allem an Nahrung und Nistplätzen. Beides kannst du ihnen ganz einfach im Garten bieten. Auch ein Balkon lässt sich in eine kleine Bienen-Oase verwandeln.

Bloß nicht aufräumen!

Kurzer Rasen, perfekt geschnittene Hecken und Rosen? Solche Tipptopp-Gärten helfen Insekten nicht weiter. Wildblumen, wuchernde Kräuter und blühende Büsche sind da schon eher nach ihrem Geschmack!
Auch sonst gilt: Tiere mögen Unordnung. Laubhaufen und dichte Sträucher helfen ihnen, sich wohlzufühlen. Besonders wichtig: im Garten keine chemischen Pflanzenschutzmittel benutzen!

Samen-Bomben

Du brauchst: 200 Gramm Tonerde, 200 Gramm Blumenerde, 3 Päckchen heimische Blumensamen, Wasser, Schüssel und Küchenpapier.

1 ***Mixen***
Mische die Blumenerde und die Tonerde mit den Samen in der Schüssel.

2 ***Matschen***
Füge etwas Wasser hinzu und forme 20 walnussgroße Kugeln. Sollte die Mischung zu nass sein, gib noch etwas Erde in die Schüssel.

3 ***Warten und werfen***
Lege die Samenbomben zum Trocknen auf das Küchenpapier. Nach 2 Tagen sind sie fertig.

SAMENBOMBEN
Mit diesen Kugeln kannst du fast überall Wildblumenwiesen wachsen lassen. Einfach in die Landschaft schmeißen!

UNTERSCHLUPF
Holzstapel sind nicht nur bei Wildbienen, sondern auch bei Igeln und Eidechsen beliebt.

Schön trocken
Wichtig: Die Holzstücke und Pflanzenstängel, mit denen das Insektenhotel gefüllt wird, dürfen nicht mehr feucht sein. Am besten liegen sie vorher eine Weile an einem warmen Ort.

Löchrig
In angebohrten Holzscheiben fühlen sich Insekten wohl. Am besten eignet sich hartes Holz von Buchen, Eichen oder Eschen.

→ Das können wir tun!

1 *Imbiss anbieten*
Glockenblumen, Löwenmäulchen, Mohn und Margeriten sehen schön aus – und sie liefern Bienen jede Menge Nektar.

2 *Hotel eröffnen*
Nisthilfen aus Holzklötzen oder Pflanzenstängeln sind nicht nur bei Bienen beliebt. Bauanleitungen für Insektenhotels gibt es im Internet.

3 *Kräuter pflanzen*
Bienen fliegen auf Basilikum, Thymian und Oregano. Die wachsen sogar im Blumenkasten auf dem Balkon – und schmecken auch auf Pizza prima.

4 *Wasser bereitstellen*
Bienen brauchen nicht nur Nektar, sondern auch Wasser. An heißen Sommertagen hilft ihnen eine flache Schale voll Wasser mit ein paar Steinen als Landeplatz.

Schlaf, Bienchen, schlaf …

TOTAL ENTSPANNT
Lange Zeit glaubten Forschende, dass Bienen und andere Insekten nicht schlafen können. Inzwischen weiß man, dass das nicht stimmt: Junge Bienen machen sogar mehrmals am Tag ein Nickerchen. Dabei sitzen sie ganz still und lassen die Fühler hängen – oft mitten in einer Blüte. Oder sie klemmen sich im Stock zwischen zwei Honigwaben, sodass Fühler und Beine locker herunterbaumeln. Manche Wissenschaftlerinnen können sich sogar vorstellen, dass die Bienen dabei träumen. Ganz ähnlich wie du!

Auch Bienen werden müde. Dann suchen sie sich ein bequemes Plätzchen – und schalten ab.

Wer hat dieses Buch geschrieben?

UNSERE AUTORIN
Wenn im Sommer die Sonne scheint, schreibt Nicole am liebsten draußen auf ihrem Balkon. Oft kommen dort auch Bienen zu Besuch.

»Erstaunlich, was diese winzigen Tiere alles schaffen!«

Im Gespräch mit …

Nicole Röndigs, Journalistin
Seit vielen Jahren schreibt Nicole Bücher, Artikel und Radiogeschichten für Kinder. Sie lebt mit ihrer Familie in Hamburg. In ihrer Freizeit liest sie selbst gern – oder denkt sich neue Bücher aus.

WIESO WOLLTEST DU ÜBER BIENEN SCHREIBEN?

Schon als Kind habe ich mich gefragt, ob Honig wirklich Bienenkotze ist. Heute weiß ich: Da ist was dran! Ich esse aber trotzdem noch gern Honigbrote.
Bienen sind außerdem nicht nur süß, sondern total interessant, erstaunlich und wichtig! Das möchte ich mit dem Buch zeigen.

WURDEST DU SCHON MAL GESTOCHEN?

Klar, schon oft. Aber noch nie von einer Biene, das waren immer diese aufgeregten Spätsommer-Wespen. Mein Tipp: eine halbe Zwiebel auf die Piksstelle drücken! Der Zwiebelsaft kühlt schön und lindert die Entzündung.

WENN BIENEN SPRECHEN KÖNNTEN, WAS WÜRDEST DU SIE GERN MAL FRAGEN?

Besonders spannend finde ich, dass Bienen schlafen, genau wie wir Menschen. Am liebsten würde ich eine fragen, was sie zuletzt geträumt hat!

Bildquellennachweis:
AdobeStock: 4-5o (pierrot46), 10um (pierrot46), 12mr (pixelnest), 14ul (Caroline), 32-33 (FPWing), 37 (WR.LILI), 45or (jbphotographylt); Getty Images: 16 (John Kimbler / 500px); Nature Picture Library: 11ur (Ingo Arndt), 26or (Ingo Arndt), 29mr (Solvin Zankl), 34-35om (Doug Wechsler), 38-39um (Ingo Arndt), 48Hg. (Ingo Arndt); picture alliance: 2-3 (andreas hartl / blickwinkel), 11o (Daniel Maurer / dpa), 21ul (R. Guenter /blickwinkel), 31 (M.Lenke / blickwinkel), 42 (Countrypixel | FRP); Salafia, Claude: 17mr; Schacht, Ulrike: 48ol; Shutterstock: Inh.-Verz.ul (Cornel Constantin), Inh.-Verz.r (StockMediaSeller), Inh.-Verz. om (FCG), 4u (Aldona Griskeviciene), 5mr (Hakim Graphy), 6-7 (Cornel Constantin), 8u (mykhailo pavlenko), 8Hg. (StockMediaSeller), 9or (Cornel Constantin), 10mr (Biene: Lenti Hill), 11ml (Iryna Loginova), 12or (FCG), 13u (hecke61), 14-15m (Daniel Prudek), 18-19 (grafxart), 20 (Holger Kirk), 22or (Mirko Graul), 22um (unpict), 23ur (xpixel), 23ml (Hornisse: Eric Isselee), 23ul (Biene: xpixel), 23um (Steve Heap), 23ur (Patrick K. Campbell), 24 (Diyana Dimitrova), 25ol (Toon Panacea), 26ul (Alessandro Cristiano), 26ml (mykhailo pavlenko), 27ml (santypan), 27ur (Lehrer), 30ul (UbjsP), 34u (Adela Zmeskalova), 40-41 (Fabio Lotti), 43or (kosolovskyy), 44um (Miriam Doerr Martin Frommherz), 45ol (Holzstapel auf Wiese), 46-47 (guraydere); Wikipedia: 29o (CC BY-SA 3.0 / Waugsberg), 43ul (PD / Eric Erbe / Christopher Pooley)

Vorsatz: Shutterstock: (bettapoggi)

Umschlagfotos: Shutterstock: U1 (Aquir), U4 (Stefan Rotter)

Burgschmietstraße 2 – 4
90419 Nürnberg
qualitaet@tessloff.com
www.tessloff.com

Autorin: Nicole Röndigs
Grafik: Martina Green
Lektorat: Lisa Hebler
Bildredaktion: Michaela Koch, MK Content Services GmbH
Druck: Livonia Print

ISBN 978-3-7886-8173-9

FSC www.fsc.org MIX Papier | Fördert gute Waldnutzung FSC® C002795

✓ **Hab ich schon.** ✗ **Brauch ich noch!**